JAMES MONROE

La era de los buenos sentimientos

Por Julie Lorang
En colaboración con Thomas Jacquemin
Traducido por Laura Soler Pinson

Historia en50MINUTOS.es

JAMES MONROE

DATOS CLAVE

- **¿Nacimiento?** El 28 de abril de 1758 en Monroe's Creek (Virginia).
- **¿Muerte?** El 4 de julio de 1831 en Nueva York.
- **¿Partido político?** Partido Demócrata-Republicano.
- **¿Fechas de las elecciones?**
  - El 4 de diciembre de 1816.
  - El 6 de diciembre de 1820.
- **¿Duración del mandato?** Ocho años.
- **¿Principales aportaciones?**
  - El Compromiso de Misuri (1820).
  - La Doctrina Monroe (1823).

INTRODUCCIÓN

James Monroe es el quinto presidente de Estados Unidos. Permanece en la Casa Blanca durante dos mandatos consecutivos, entre 1817 y 1825. A Monroe, que primero ocupa el cargo de embajador, luego de senador y llega, incluso, a secretario de Estado antes de alcanzar la presidencia, se le conoce sobre todo por su talante diplomático, así como por la elaboración del Compromiso de Misuri y por la doctrina que lleva su nombre.

El periodo que abarca sus dos mandatos se llama «era de los buenos sentimientos» (*era of good feelings*) por la relativa unidad política y por la prosperidad tras las dos guerras que oponen a Estados Unidos contra Gran Bretaña (la guerra de la Independencia, también denominada Revolución estadounidense, de 1775 a 1783, y la guerra anglo-estadounidense, de 1812 a 1815). El presidente aprovecha este marco favorable para ampliar el territorio estadounidense hacia el sur y hacia el oeste. Además, la instauración de la Doctrina Monroe, que todavía en la actualidad rige la política internacional de Estados Unidos, otorga un lugar de peso al país en el tablero internacional de finales del siglo XVIII y principios del siglo XIX.

Sin embargo, aunque el presidente debe afrontar a nivel nacional fuertes tensiones entre el norte abolicionista y el sur esclavista, logra calmar las aguas durante algunos años gracias al Compromiso de Misuri. No obstante, las divisiones políticas y éticas resurgen al final de su mandato y conducirán directamente a la guerra de Secesión (1861-1865).

BIOGRAFÍA

UNA JUVENTUD HEROICA

James Monroe nace el 28 de abril de 1758 en el condado de Westmoreland, en Virginia, en una familia de ricos campesinos. La niñez del futuro presidente se ve marcada por el fallecimiento precoz de sus padres: su madre, Elizabeth Jones (1730-1774), muere cuando él es tan solo un niño, mientras que su padre, Spence Monroe (1727-1774), desaparece poco tiempo después. Así, es su tío, Joseph Jones (1727-1805), quien recoge al huérfano y lo envía a estudiar al College of William and Mary, en Williamsburg (Virginia).

Los estudios de James Monroe se ven interrumpidos por el inicio de la Revolución estadounidense, que estalla en abril de 1775. Como muchos estudiantes en Virginia, el joven decide alistarse en el ejército continental y luchar por la independencia de su país.

Durante este periodo de la historia, James Monroe destaca por su valentía al participar en varias batallas importantes. En concreto, lucha en primera línea en la batalla de Trenton (26 de diciembre de 1776), donde resulta herido en el hombro izquierdo. Su valor y su lealtad lo llevan a alcanzar rápidamente el rango de capitán.

La batalla de Trenton, cuadro de Charles McBarron.

A lo largo de este periodo revolucionario, James Monroe también conoce a varios personajes decisivos: lucha junto a Georges Washington (general y hombre de Estado estadounidense, 1732-1799), futuro primer presidente de Estados Unidos, y conoce a Thomas Jefferson (hombre de Estado estadounidense, 1743-1826), entonces gobernador de Virginia y futuro tercer presidente de Estados Unidos. Este último en seguida se convierte en su amigo fiel y en su mentor político.

INICIO DE SU CARRERA POLÍTICA EN VIRGINIA Y EN EUROPA

Tras la guerra, James Monroe estudia derecho y abraza una carrera política que empieza en su tierra de origen. En 1782, es nombrado delegado en la Asamblea de Virginia y representante de su estado en el Congreso de la Confederación, que gobierna Estados Unidos de 1781 a 1789. De nuevo, su trabajo riguroso y reflexivo le permite destacar, hasta el punto de llegar a convertirse en senador a partir de 1790.

Durante su mandato, James Monroe se alía con otros dos políticos virginios, su amigo Thomas Jefferson y James Madison (futuro presidente de Estados Unidos, 1751-1836), para crear de forma conjunta el Partido Demócrata-Republicano.

También en esta época se casa con Elizabeth Kortright (1768-1830), hija de un comerciante neoyorquino, con la que tendrá dos hijas y un hijo que, desgraciadamente, morirá siendo un niño todavía.

A partir de 1794, la carrera de James Monroe lo lleva a Europa, donde ocupa el puesto de ministro plenipotenciario —es decir, embajador— en París y en Londres.

James Monroe en su cargo de ministro plenipotenciario, retrato de Luis Semé (1794).

Este puesto de diplomático le permite codearse sucesi-vamente con la Francia revolucionaria (1789-1799), con el Imperio francés de Napoleón I (1769-1821) e, incluso, con la monarquía británica de Jorge III (rey de Gran Bretaña y de Irlanda, 1738-1820), lo que le ayuda a perfeccionar su conocimiento de Europa y de los asuntos internacionales.

También destaca en el viejo continente por su papel clave en las negociaciones que conducen a la compra de la Luisiana francesa en 1803. La adquisición de este territorio extenso, mucho más amplio que el estado actual del mismo nombre, permite que se duplique la superficie de Estados Unidos.

DEL PUESTO DE SECRETARIO DE ESTADO A LA PRESIDENCIA

Cuando el demócrata-republicano James Madison es elegido presidente en 1811, este convierte a James Monroe en su brazo derecho, nombrándolo secretario de Estado. Un año más tarde, es tal la tensión entre británicos y estadounidenses desde la independencia de Estados Unidos que estalla una guerra. James Madison escoge otra vez a James Monroe para ocupar un puesto fundamental en este periodo de agitación: el de secretario de Guerra. Este doble puesto constituye un momento decisivo en su carrera política, ya que le permite mostrar todo su abanico de conocimientos diplomáticos y militares. Además, cabe destacar que este doble nombramiento sigue siendo único a día de hoy en la historia de Estados Unidos.

Al término de la guerra, James Monroe se presenta a las elecciones y las gana. El 4 de marzo de 1817, es investido como quinto presidente de Estados Unidos con una mayoría aplastante (84 % de los votos) frente a su oponente federalista, Rufus King (1755-1827). La presidencia de James Monroe se conoce como «la era de los buenos sentimientos» por la política de consenso y la ausencia de oposición al partido casi único de los Demócratas-Republicanos. De hecho, James Monroe apenas tiene opositores, por lo que no tiene que hacer campaña para ser reelegido.

Durante su mandato, James Monroe imprime dinamismo a la política exterior de Estados Unidos al formular su célebre doctrina y al resolver temporalmente la cuestión de la esclavitud gracias al Compromiso de Misuri.

James Monroe se retira de la vida política tras su segundo mandato y se vuelve a vivir a su Virginia natal. Tras el fallecimiento de su esposa en 1830, se instala en Nueva York, donde muere el 4 de julio de 1831, día de la fiesta nacional estadounidense.

CONTEXTO POLÍTICO, SOCIAL Y ECONÓMICO

James Monroe vive los acontecimientos más relevantes de la historia estadounidense, como la guerra de Independencia y el nacimiento del nuevo país y de sus instituciones, y participa en ellos. Así, su presidencia debe enmarcarse en un contexto muy particular: el de un país joven que está buscando su identidad.

EL NACIMIENTO DE ESTADOS UNIDOS

La independencia estadounidense

James Monroe es el último presidente de Estados Unidos que puede vanagloriarse de haber luchado por la independencia de su país. La Revolución estadounidense se extiende de 1775 a 1783 y enfrenta a las Trece Colonias de Norteamérica con Gran Bretaña, que era la gran potencia colonial por aquel entonces. La principal razón de esta rebelión es el descontento de la población colonial, sobre la que se abaten los impuestos y que no está representada en el Parlamento de Londres. Francia, la eterna enemiga de su vecino británico, también toma parte en el conflicto y muestra su apoyo a los sublevados estadounidenses. De esta manera, el marqués de La Fayette (hombre político francés, 1757-1834) participa en los acontecimientos con la esperanza de implementar las ideas de la Ilustración, cuyas palabras clave son la libertad individual y la igualdad. Este último, que también desempeña un papel importante en la Revolución francesa (1789), espera poder convertir este nuevo país en la primera democracia del mundo. Aunque, al principio, Francia se limita a proporcionar material a las tropas continentales, en 1778 entra de manera oficial en el conflicto.

Finalmente, el Congreso estadounidense proclama la independencia de Estados Unidos el 4 de julio de 1776 y lleva a una confederación en la que cada estado mantiene su libertad. Además, permite cortar el vínculo con el colono británico, que es expulsado del territorio estadounidense. Así nacen los Estados Unidos de América. No obstante, el país todavía está muy lejos de haber encontrado su identidad.

Las relaciones internacionales

Las relaciones del nuevo Estado con las potencias europeas fluctúan al compás de la evolución política europea. Tras un acercamiento con la Francia revolucionara por su filosofía común, finalmente Estados Unidos prefiere tomar distancias tras el golpe de Estado de Napoleón Bonaparte (emperador francés, 1769-1821) en 1799. Este rompe con el ideal republicano para autoproclamarse primer cónsul.

Poco tiempo después, las labores de diplomático que James Monroe ha realizado en Francia antes de su presidencia permiten que Estados Unidos adquiera el extenso territorio de Luisiana, que compra a Napoleón en 1803. La Luisiana francesa, mucho más grande que en la actualidad, engloba las tierras de los siguientes estados: Arkansas, Oklahoma, Kansas, Nebraska, Iowa, Dakota del Sur y del Norte, Luisiana, Colorado, Wyoming, Montana y Minesota. Con esta compra, el país duplica su superficie e inicia su expansión hacia el oeste.

La relación con Gran Bretaña continúa siendo tensa en los años que siguen a la Declaración de Independencia. En efecto, el antiguo colonizador no termina de aceptar que los estadounidenses beneficien a Francia por su comercio y decide bloquear los puertos europeos a los barcos estadounidenses. Esta decisión origina el conflicto anglo-estadounidense de 1812 que, de nuevo, concluye con una victoria del joven país, lo que refuerza el sentimiento nacional incipiente. Tras su derrota, Gran Bretaña pone punto final a sus ambiciones en Estados Unidos.

Por lo tanto, en los inicios de la presidencia de James Monroe, Estados Unidos ha logrado extenderse hacia el sur y hacia el oeste, y expulsar a los colonos británicos y franceses de su territorio. No obstante, todavía quedan muchos retos. En el sur, aún existe un enclave europeo, Florida, que pertenece a la corona española. El Gobierno estadounidense teme que esta presencia colonial en su territorio se convierta en una amenaza para la independencia y la soberanía del país.

Les espera igualmente otro reto de envergadura: el de encontrar y reafirmar su posición en el tablero mundial.

UNA ECONOMÍA BASADA EN LA ESCLAVITUD

Un tema esencial acompaña el nacimiento y la eclosión de Estados Unidos: el de la esclavitud. El debate en torno a la mano de obra esclava divide al país en dos y frena el desarrollo de una unidad nacional.

En 1793, un tal Eli Whitney (mecánico e industrial estadounidense, 1765-1825) inventa en el sur de Estados Unidos una
máquina que permite separar el grano del algodón de su
fibra. Gracias a esta nueva desmotadora, el hilado del algodón de mecaniza y el precio de la valiosa fibra disminuye.

Retrato de Eli Whitney en 1822, obra de Samuel Finley
Breese Morse.

Por consiguiente, los estados del sur del país se desarrollan económicamente en torno a la cultura del algodón y encuentran sus fondos de comercio en Europa gracias a las manufactureras británicas, sobre todo, que se abastecen de materia prima en Estados Unidos. Así, el comercio del algodón va destronando progresivamente al del tabaco y se convierte en la principal fuente de riqueza del sur de Estados Unidos. No obstante, este cultivo necesita una importante mano de obra y los dueños de las plantaciones del sur en seguida se procuran esclavos que vienen de África. Esta mano de obra servil y explotable permite que los terratenientes aumenten su producción con un coste mínimo. Pero el problema del cultivo del algodón es que agota rápidamente el suelo, lo que implica que hay que cambiar de tierras con frecuencia.

¿Sabías que...?

La importación de esclavos a Estados Unidos se conoce con el nombre de comercio triangular por su lógica en tres tiempos entre los continentes europeo, africano y americano. Los barcos europeos se desplazan hasta África para intercambiar mercancía, que a menudo son quincalla, por esclavos. A continuación, entregan esa mano de obra en América a cambio de otras mercancías, como tabaco, algodón, oro o azúcar, que transportan hacia los mercados europeos.

Así, los estados del sur de Estados Unidos instauran una economía basada en la esclavitud e importan masivamente población negra hasta sus tierras. Por su parte, el norte, cuya economía está basada fundamentalmente en la industria, vive un desarrollo muy diferente. Dado que la industria no requiere mano de obra esclava, el norte se opone a este sistema, que considera contrario a los ideales democráticos que preconiza el país.

Debemos tener en cuenta que, en el momento de la independencia, se estima que la población negra está conformada por 750 000 individuos, de los que el 90 % viven en el sur. Mientras que la esclavitud se implanta con firmeza en esta parte del país, en el centro y en el norte va desapareciendo progresivamente: Massachusetts la abole en 1783, mientras que los esclavos neoyorquinos son liberados entre 1785 y 1799.

No obstante, la Constitución estadounidense de 1776, basada en la filosofía ilustrada, que proclama la libertad individual y la igualdad entre los individuos, evita la cuestión de la esclavitud y, de esta manera, tolera implícitamente esta práctica. A pesar de las ideas abolicionistas de los primeros presidentes estadounidenses, la situación económica particular del sur de Estados Unidos complica el debate. A principios del siglo XIX, se mantiene un frágil equilibrio entre los partidarios de la esclavitud y los abolicionistas gracias a la igualdad numérica de los estados libres y de los estados esclavistas y de su representación en el Senado. Sin embargo, la petición de adhesión de un nuevo territorio, Misuri, que desea convertirse en un estado esclavista, rompe el equilibrio y reanima las tensiones entre norte y sur.

«LA ERA DE LOS BUENOS SENTIMIENTOS»

Paradójicamente, a nivel político, este periodo de efervescencia se caracteriza por una tranquilidad y una unidad extraña para la historia estadounidense.

No obstante, las primeras décadas del joven país están marcadas por la rivalidad entre el Partido Demócrata-Republicano de Thomas Jefferson, James Madison y James Monroe y el Partido Federalista, cuya figura emblemática es el primer presidente estadounidense, Georges Washington.

La diferencia fundamental entre estos dos partidos radica en su visión acerca de los poderes que debería acumular el Estado central:

- los demócratas-republicanos se apoyan en los estados para garantizar las libertades;
- los federalistas se muestran favorables a un Estado federal fuerte para sostener a las facciones. Los primeros dirigentes del Partido Federalista son John Adams (1735-1826) y Alexander Hamilton (1755-1804).

Estos dos partidos también adoptan una posición diferente con respecto a las grandes potencias europeas de la época, Francia y Gran Bretaña. Los federalistas admiran y apoyan la monarquía de Jorge III (1738-1820), mientras que los demócratas-republicanos se oponen a la corona británica y apoyan a la Francia republicana hasta el triunfo de Napoleón Bonaparte en 1804. Con el estallido de la guerra anglo-estadounidense y la acción conjunta de James Madison y de James Monroe para resolver el conflicto, el

Partido Federalista pierde rápidamente terreno y termina por desaparecer definitivamente. La victoria electoral de James Monroe en las elecciones de 1816 ilustra este fenómeno a la perfección: se atribuyen 183 votos a su Partido Demócrata-Republicano, por 34 para el candidato federalista Rufus King. La tendencia se acentúa todavía más en las elecciones de 1820, puesto que James Monroe obtiene todos los votos, salvo uno, sin siquiera tener que hacer campaña.

El Partido Demócrata-Republicano de James Monroe se divide en dos partidos diferentes en 1824 a causa de una disputa interna relacionada con la designación de un candidato para las siguientes elecciones presidenciales. De esta escisión nacen dos partidos que conocemos hoy en día: los republicanos y los demócratas.

El Partido Republicano, simbolizado por un elefante y el color rojo, es un partido conservador: por norma general, apoya el libre cambio entre los Estados, otorga un lugar importante a la religión y dice ser un ferviente antiesclavista. En sus filas, encontramos al ilustre Abraham Lincoln (1809-1865), que abole la esclavitud, pero también a Theodore Roosevelt (1858-1919), a Richard Milhous Nixon (1913-1994) a Ronald Wilson Reagan (1911-2004) o, más recientemente, a Georges Walker Bush (nacido en 1946).

Por su parte, el Partido Demócrata está representado por un asno y el color azul. Se trata de un partido de centro izquierda, más progresista. Los demócratas se muestran más preocupados por atemperar el capitalismo con programas sociales y defienden los derechos de las minorías. Harry S. Truman (1884-1972), John Fitzgerald Kennedy (1917-1963), Bill Clinton (nacido en 1946) o Barack Hussein Obama (nacido en 1961) son presidentes demócratas.

MOMENTOS CLAVE

La presidencia de James Monroe se ve marcada por tres acontecimientos importantes:

- las guerras semínolas, a las que sigue la compra de la Florida;
- el Compromiso de Misuri;
- la Doctrina Monroe.

Estos episodios permiten comprender mejor la política interior y exterior que defiende el quinto presidente de Estados Unidos.

LAS GUERRAS SEMÍNOLAS Y LA COMPRA DE FLORIDA

Durante su primer mandato, James Monroe se ve confrontado a una situación problemática en el sureste de Estados Unidos. Mientras que el territorio estadounidense no deja de crecer hacia el sur y hacia el oeste, Florida sigue siendo un enclave español. Desde que los estadounidenses lograron expulsar a los colonos franceses y británicos, centran toda su energía en esta última colonia europea, ya que temen que este bastión español se convierta en una base de invasión para las potencias occidentales. Además, los estadounidenses desean expandirse por Florida para utilizar los ríos con el fin de desarrollar su comercio.

Cuando James Monroe llega al poder en 1817, se producen varios incidentes en la frontera entre Estados Unidos y el enclave español:

- una tribu india que ocupa una parte de Florida, los semínolas, realiza incursiones regularmente en el territorio estadounidense y ataca granjas en Georgia. Según los estadounidenses, estos indios reciben armas y apoyo moral de los británicos. No obstante, no pueden responder directamente, ya que esta tribu se refugia constantemente tras la frontera española;
- paralelamente, esclavos negros huyen de los campos de algodón del sur de Estados Unidos para refugiarse en el enclave español. Los terratenientes blancos temen que esta situación sirva de inspiración a sus esclavos y los anime a fugarse en masa hacia Florida.

Todo esto irrita con fuerza a las autoridades estadounidenses, ya que no pueden actuar directamente en territorio español sin arriesgarse a desatar un conflicto con Madrid. Así, James Monroe, como antiguo diplomático, se muestra muy prudente y pide a España que solucione la situación lo más rápidamente posible. Pero la acción del general Andrew Jackson (hombre de Estado estadounidense, 1767-1845), que decide intervenir sin más dilación, le coge por sorpresa. Sin pedir permiso a su Gobierno, no duda en seguir a los semínolas y a los esclavos huidos hasta tierras españolas. Una vez en Florida, el general aprovecha para atacar fuertes españoles e instalarse en ellos.

Retrato de Andrew Jackson.

Esto sitúa al presidente en una posición desafortunada: se pone en entredicho su autoridad y estalla una crisis diplomática entre Washington y Madrid. Sin embargo, el secretario de Estado John Quincy Adams (1767-1848) constata que las acciones que Andrew Jackson ha efectuado ponen a Estados Unidos en una situación más favorable de lo que parece. En efecto, los españoles no están en condiciones de replicar. En Norteamérica, no disponen de las capacidades militares necesarias para defenderse y están preocupados por otros problemas en el Caribe y en Sudamérica. Así, España, impotente, termina por vender Florida a Estados Unidos por el importe irrisorio de cinco millones de dólares. El Tratado de Adams-Onis, que cede Florida a Estados Unidos, se firma en Washington el 22 de febrero de 1819. Este acuerdo estipula que la parte situada el este del Misisipi es estadounidense, lo que incluye una parte de Texas, de Luisiana y de Florida. A cambio, los estadounidenses se comprometen a olvidar sus pretensiones sobre el territorio al oeste y al sur de esta frontera.

Este episodio marca su primer mandato, y algunos historiadores lo utilizan para calificar a James Monroe de endeble y para reprocharle su falta de carisma y de acción. En efecto, afirman que el presidente no logró gestionar la guerra contra los semínolas ni la compra de Florida, y que el resultado positivo solo puede atribuirse al general Andrew Jackson y al secretario de Estado John Quincy Adams. Si bien es cierto que James Monroe no desempeña un papel fundamental en esta adquisición, no debemos olvidar que, ante todo, se trata de un diplomático prudente que unos años antes había logrado hacerse con la Luisiana francesa gracias a sus talentos de negociador.

EL COMPROMISO DE MISURI

La cuestión de la esclavitud es uno de los temas cruciales de la historia estadounidense hasta la guerra de Secesión.

La presidencia de James Monroe no es una excepción y este último debe afrontar tensiones cada vez mayores entre los estados libres del norte y los estados esclavistas del sur, tras la petición de adhesión de Misuri.

Desde la independencia, el país no ha dejado de ampliarse. Los territorios que se acaban de conquistar se organizan en seguida en estados, que deben identificarse claramente como libres o esclavistas. Para conservar una cierta unidad y evitar la implosión, el Congreso impone que haya un equilibrio entre las dos entidades. Lo que determina este equilibrio precario es el establecimiento de una misma cantidad de territorios abolicionistas que de estados esclavistas, para que la cifra de senadores (dos por estado) de ambos bandos sea idéntica. Así, Ohio (1802), Indiana (1816) e Illinois (1818) entran sucesivamente en la Unión y se unen a los estados libres del norte, mientras que Luisiana (1812), Misisipi (1817) y Alabama (1819) se convierten en territorios esclavistas.

En 1818, Misuri, un territorio que pertenece a la antigua Luisiana francesa, se prepara para convertirse en el vigesimocuarto estado de Estados Unidos. Pide a la Unión el derecho de practicar la esclavitud, aun cuando este territorio es septentrional. Los representantes del norte, que desean suprimir esta práctica no democrática, se oponen a esta petición y temen por el equilibrio del país. A esto le siguen debates acalorados en el Senado y en la Cámara de Representantes hasta que un senador de Kentucky, Henry Clay (1777-1852), propone un compromiso aprobado mayoritariamente. Este documento, firmado el 2 de marzo de 1820, permite que el senador entre en la historia estadounidense con el apodo del Gran Pacificador (The Great Compromiser).

Retrato de Henry Clay, conocido como el Gran Pacificador.

Este acuerdo es aceptado por las dos cámaras legislativas el 5 de marzo de 1820 y es ratificado por el presidente James Monroe al día siguiente.

El compromiso sugiere solucionar la cuestión de la adhesión

de Misuri aportando dos propuestas complementarias:

- Misuri puede entrar en la Unión como estado esclavista si otro estado libre también se suma a ella para mantener el equilibrio. Por consiguiente, Henry Clay propone que se separe a Maine de Massachusetts;
- para evitar que se vuelva a producir una delicada situación de este tipo, se fija una frontera geográfica para determinar la naturaleza de los nuevos territorios creados en la antigua Luisiana que entren en la Unión. A partir de este punto, la esclavitud se prohíbe al norte del paralelo 36° 30', lo que corresponde a la frontera sur de Misuri.

Esta práctica de la doble adhesión se mantiene durante unas décadas. Así, la Arkansas esclavista se inscribe en la Unión en 1836, seguido por el Michigan abolicionista al año siguiente. De la misma forma, la entrada de Florida en el sur se verá compensada con la del Iowa libre.

El Compromiso de Misuri supone un acontecimiento histórico de peso en la historia de la esclavitud en Estados Unidos. En efecto, el debate que se instala con la adhesión de este nuevo estado permite que los estadounidenses se den cuenta de la importancia de una cuestión de estas características para que la nación funcione correctamente, y ayuda a generar una reflexión en la clase política. No obstante, el compromiso que Henry Clay propone y que el presidente James Monroe ratifica solo aporta una solución temporal al problema, sin erradicar las profundas diferencias entre norte y sur. El tratado se mantiene en vigor algo más de veinte años, antes de ser sustituido por la Ley de Kansas-Nebraska de 1854, que permite a los habitantes de estos dos estados que decidan por sí mismos si desean practicar la esclavitud o no. Las discrepancias entre abolicionistas y esclavistas terminan por llevar a la guerra civil.

LA DOCTRINA MONROE

No es fácil hacerse un hueco en el orden mundial para una joven nación como Estados Unidos. Resulta todavía más difícil que las potencias coloniales europeas que aún dominan el mundo acepten esta libertad recién adquirida. Han hecho falta dos guerras y medio siglo entre Estados Unidos y Gran Bretaña para que esta última por fin renuncie a sus pretensiones estadounidenses. Tras la adquisición de la Luisiana francesa y la retirada definitiva de los británicos, la compra de Florida a España permite liberar el suelo estadounidense del último enclave europeo en el territorio.

En Sudamérica, varios Estados también llevan a cabo una guerra de independencia para liberarse del yugo español. Estados Unidos apoya esta dinámica revolucionaria, aunque duda que esta permita que se establezcan democracias a la estadounidense. El país es la primera colonia que ha obtenido la independencia y su objetivo es erigirse como modelo y guía para sus hermanas pequeñas sudamericanas. Pero Estados Unidos teme que España rechace la independencia de estas nuevas naciones y que intente volver a apoderarse de ellas por la fuerza.

En este marco, James Monroe hace una declaración el 2 de noviembre de 1823, que se conoce con el nombre de Doctrina Monroe. Sin embargo, debemos señalar que el autor de este texto no es el propio presidente, sino su secretario de

Estado, John Quincy Adams.

Cuando Gran Bretaña propone a Estados Unidos un pacto bilateral entre los dos países para protegerse de Francia y de España, el Gobierno se muestra más bien favorable. No obstante, James Monroe, a quien le gusta rodearse de personas competentes y que no toma decisiones en solitario, pide opinión a su mano derecha, John Quincy Adams, que se niega a aliarse con una potencia europea y decide hacer una declaración unilateral para poner sobre aviso a los países colonizadores.

La Doctrina Monroe está compuesta por tres grandes principios:

- desarrolla la idea de no colonización. Europa debe abstenerse de crear nuevas dependencias en el hemisferio occidental;
- Estados Unidos se autoproclama protector de las revoluciones sudamericanas y anima a la expulsión de los imperialismos europeos del continente. Así, este segundo punto reafirma la hegemonía de Estados Unidos sobre todo el continente americano;
- a cambio, Estados Unidos se abstiene de intervenir en las cuestiones europeas.

En otras palabras, la Doctrina Monroe afirma que América pertenece a los americanos. Una declaración tan fuerte no pasa desapercibida y las reacciones estadounidenses no se hacen esperar. La opinión pública se muestra dividida: mientras que algunos reprochan que esta declaración pone en juego la paz y la prosperidad que tanto ha costado alcanzar, otros celebran la implementación de una base sólida para la política exterior estadounidense.

En cualquier caso, parece que los dirigentes de las potencias a las que se ha lanzado el aviso han escuchado el mensaje. En Europa, el Congreso de Viena (1815) marca el final del imperialismo napoleónico y las grandes monarquías se comprometen a apoyar la monarquía absoluta contra cualquier nuevo intento revolucionario. Sin embargo, los gobiernos europeos no intervienen en las revoluciones sudamericanas, lideradas por hombres como Simón Bolívar (general y hombre de Estado sudamericano, 1783-1830) y apoyadas por Estados Unidos. Rusia, que en ese momento ocupa Alaska y tiene pretensiones en la región de Oregón, también toma nota de la advertencia. En efecto, en 1821, el zar amplía la frontera rusa al paralelo 51°, bastante más al sur de Alaska, y frena el lucrativo comercio de las pieles entre estadounidenses e indios. Tras la enunciación de la doctrina, los rusos prefieren abandonar finalmente la región de Oregón y se repliegan hacia Alaska.

Sin lugar a dudas, la Doctrina Monroe es uno de los momentos clave de la presidencia de James Monroe, ya que se ha reutilizado y reinterpretado hasta nuestros días y, actualmente, todavía sirve de base para la política exterior de Estados Unidos. Además, esta declaración ayuda a que el país defina el lugar que quiere ocupar en el orden mundial y, sobre todo, en el continente americano.

REPERCUSIONES

Los dos mandatos de la presidencia de James Monroe son más complejos de lo que parece a primera vista y sintetizan las grandes problemáticas de las primeras décadas de la historia estadounidense. Aunque el nombre de James Monroe se queda a la sombra de los de sus célebres predecesores, como Georges Washington y Thomas Jefferson, su presidencia resulta interesante y deja una huella en la política estadounidense posterior que no podemos pasar por alto.

EL NACIMIENTO DE UN COLOSO...

Globalmente, Estados Unidos sale reforzado de los ocho años de presidencia de James Monroe: el país se ve ampliado gracias a la compra de Florida y de una parte de Texas, y organiza las nuevas incorporaciones en estados libres o esclavistas. La presidencia de James Monroe también permite expulsar definitivamente a las potencias coloniales europeas del territorio estadounidense y proteger la soberanía del país.

Asimismo, el presidente y su entorno logran dar un gran impulso a la política exterior estadounidense estableciendo una doctrina fuerte. Aunque no tiene ninguna validez en el terreno del derecho internacional, marca el inicio de la hegemonía de Estados Unidos en el continente americano y el final de la injerencia europea en los asuntos del país.

A lo largo del tiempo, varios presidentes estadounidenses retoman y reinterpretan esta doctrina. En particular, en

1845, James Knox Polk (1795-1849) vuelve a utilizarla y la integra en su ideología del «destino manifiesto» (*Manifest Destiny*), según la cual la nación estadounidense tiene la misión divina de propagar la democracia y la civilización hacia el oeste.

Retrato de James K. Polk.

Esta nueva interpretación da un sentido profético a la doctrina. En 1904, Theodore Roosevelt añade el Corolario Roosevelt, que afirma el derecho de Estados Unidos a intervenir militarmente en caso de que se constate una «relajación general de las reglas» en alguna de las naciones de América Latina. Este adenda pone punto final a la neutralidad inherente a la Doctrina Monroe y permite legitimar el deseo de expansión de Estados Unidos, sobre todo hacia Cuba y Panamá. En 1962, John Fitzgerald Kennedy cita la Doctrina Monroe para justificar su acción contra los misiles soviéticos situados en territorio cubano.

Por lo tanto, la doctrina del presidente ha evolucionado hasta nuestros días, pero sigue constituyendo la base de la política exterior estadounidense y, en concreto, justifica el poder de injerencia de Estados Unidos en el resto del continente.

...CON PIES DE BARRO

A pesar de todo, el creciente poder del país se ve debilitado por las tensiones que rodean la cuestión de la esclavitud. La situación de la población negra —pero también de la india— es una mancha para un país que se erige como modelo y defensor de la democracia. A pesar de un momento de distensión política durante la era de los buenos sentimientos, James Monroe no logra solucionar este tema y su Compromiso de Misuri solo sirve para postergar el problema. En efecto, aunque este pacto consigue apaciguar los ánimos durante una generación, la divergencia de opiniones entre el norte y el sur sigue latente. Cuatro décadas más tarde, las dos entidades entran en una guerra ideológica (la guerra de Secesión) que termina con la abolición de la esclavitud.

Tras la presidencia de Monroe, desaparece la unidad y la era de los buenos sentimientos se transforma en la era los malos sentimientos. En efecto, además de las tensiones entre el norte abolicionista y el sur esclavista, el Partido Demócrata-Republicano salta por los aires en 1824 con la designación del candidato a la presidencia. Los partidarios de John Quincy Adams, antiguo secretario de Estado de James Monroe, se proclaman republicanos, mientras que los simpatizantes de Andrew Jackson fundan el Partido Demócrata. Andrew Jackson es derrotado por John Quincy Adams en 1824, antes de ser elegido a su vez en 1828.

en Liberia. El nombre de la capital del país, Monrovia, recuerda el apoyo del presidente James Monroe a favor de estos esclavos liberados.

EN RESUMEN

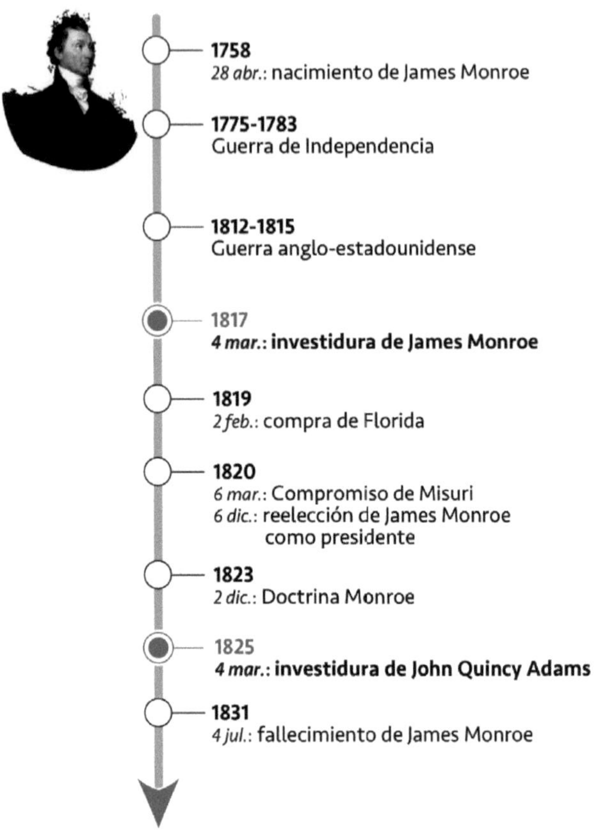

- James Monroe es el quinto presidente de Estados Unidos de América. Ocupa la Casa Blanca de 1817 a 1825.

- Ante todo, James Monroe es un gran diplomático que trabaja en Francia y en Gran Bretaña. Participa activamente en las negociaciones que permiten concluir con Napoleón Bonaparte la compra de la Luisiana francesa en 1803.
- Junto con sus predecesores Thomas Jefferson y James Madison, James Monroe es una de las grandes figuras del Partido Demócrata-Republicano, que se escinde en 1824.
- Su presidencia se califica como «la era de los buenos sentimientos» por la relativa unidad política de la época. No obstante, este consenso es frágil y no resiste al final del segundo mandato de James Monroe.
- En 1819, se compra Florida a España gracias a la intervención del comandante del ejército Andrew Jackson, que persigue a esclavos huidos y a tribus indias belicosas hasta Florida, antes de tomar varios fuertes españoles.
- El Compromiso de Misuri de 1820 regula la naturaleza abolicionista o esclavista de los nuevos estados y apacigua las tensiones entre norte y sur durante una generación. No obstante, solo posterga la necesidad de una solución real, a la que se llegará con la abolición de la esclavitud al término de la guerra de Secesión.
- James Monroe marca fundamentalmente la historia de Estados Unidos al dar un impulso a su política exterior y al encontrarle un lugar en el orden mundial, gracias sobre todo a la formulación de la Doctrina Monroe. Esta, que todavía en la actualidad impregna la política exterior estadounidense, prohíbe toda intervención europea en los asuntos de Estados Unidos y viceversa. Sus sucesores no han dudado en retomarla y reinterpretarla.

PARA IR MÁS ALLÁ

FUENTES BIBLIOGRÁFICAS

- Casa Blanca, "James Monroe". Consultado el 3 de mayo de 2017. https://www.whitehouse.gov/1600/presidents/jamesmonroe
- Cresson, William. 1946. *James Monroe*. Chapel Hill: University of North Carolina Press.
- Delacampagne, Christian. 2002. *Histoire de l'esclavage. De l'Antiquité à nos jours*. París: Le livre de poche.
- Forbes, Robert. 2007. *The Missouri Compromise and its Aftermath*. Chapel Hill: University of North Carolina Press.
- Preston, Daniel. "American President: James Monroe". *Miller Center*. Consultado el 3 de mayo de 2017. https://millercenter.org/president/monroe
- Schoell, Franck. 1965. "James Monroe". *Histoire des États-Unis*, 149-153. París: Payot.
- Thompson, Peter. 2000. *Cassell's dictionary of modern American history*. Londres: Orion.

FUENTES COMPLEMENTARIAS

- Ammon, Harry. 1990. *The quest for national identity*. Charlottesville: University of Virginia Press.
- Cunningham, Noble. 1996. *The presidency of James Monroe*. Lawrence: University Press of Kansas.
- Fournial, Georges y Roland Labarre. 1966. *De Monroe à Johnson. La politique des États-Unis en Amérique latine*. París: Éditions sociales.

- Perkins, Dexter. 1933. *The Monroe Doctrine. 1826-1827*. Baltimore: Johns Hopkins University Press.
- Planas-Suarez, Simon. 1959. *Les principes américains de politique internationale et la doctrine Monroe*. Ginebra: Imprimerie de la Tribune de Genéve.
- Vincent, Bernard. 2008. *Histoire des États-Unis*, colección *Champs Histoire*. París: Flammarion.

FUENTES ICONOGRÁFICAS

- La batalla de Trenton, cuadro de Charles McBarron. La imagen reproducida está libre de derechos.
- James Monroe en su cargo de ministro plenipotenciario, retrato de Luis Semé (1794). La imagen reproducida está libre de derechos.
- Retrato de Eli Whitney en 1822, obra de Samuel Finley Breese Morse. La imagen reproducida está libre de derechos.
- Retrato de Andrew Jackson. La imagen reproducida está libre de derechos.
- Retrato de Henry Clay, conocido como el Gran Pacificador. La imagen reproducida está libre de derechos.
- Retrato de James K. Polk. La imagen reproducida está libre de derechos.

PELÍCULA Y DOCUMENTALES

- *La Doctrina Monroe*. Dirigida por Crane Wilbur, con Grant Mitchell y Charles Waldron. Estados Unidos: 1939.
- *The American President.* Dirigido por Caroline Waterlow,

con Robert MacNeil. Estados Unidos: 2000.
* *James Monroe's Presidency.* Estados Unidos, 2014.

en50MINUTOS.es
Historia
Economía y empresa
Coaching
Book Review
Salud y bienestar
EL DIAGRAMA DE ISHIKAWA
Material
Método
Máquina
Madre Naturaleza
Medida
Hombres
LA GUERRA DE PALESTINA DE 1948
DOMINA EL ARTE DEL NETWORKING
¡APRENDER NUNCA ANTES FUE TAN RÁPIDO!
www.en50minutos.es